Christoph Grenz
Neuere Gedichte

Christoph Grenz

Neuere Gedichte

…die alten gab es alle schon

Bibliografische Information der Deutschen Nationalbibliothek:
Die Deutsche Nationalbibliothek verzeichnet diese Publikation in der Deutschen Nationalbibliografie; detaillierte bibliografische Daten sind im Internet über http://dnb.dnb.de abrufbar.

Herstellung und Verlag: BoD – Books on Demand, Norderstedt

Druck: Libri Plureos GmbH, Friedensallee 273, 22763 Hamburg

ISBN: 978-3-7597-0617-1

Inhaltsverzeichnis

KAPITEL 1: ZUSAMMENGEREIMT

Samswoch

Es sind Arbeit, Einkauf und Kinder –
und Müßiggang gewiss nicht minder –,
die's in der Woche mir verbieten,
zu tun, wozu mir manche rieten.

Weswegen ich den Vorschlag wage,
nach einem Tag oder nach vieren,
zusätzlich zu der Woche Tage
'nen weiteren zu inserieren.

Jenen würd' ich künftig nutzen
für Garten, Haushalt und zum Putzen,
damit, was früher ich versäumte,
am Samswoch schließlich auf ich räumte.

Doch werde ich mir vorbehalten,
wenn mir schon solch ein Tag gegeben,
ihn ohne Putzen zu gestalten.
Es ist wie immer schon im Leben,

genauso wird es meistens enden:
Es hängt doch niemals davon ab,
wie viel Zeit man uns wirklich gab,
wir werden sie, ob viel, ob knapp,
in gleichem Maße stets verschwenden.

Formvollendet

Der erste Reim gelang,
gemahnte bald an alte Meister.
Als das Gedicht sich weiter schlang,
war klar, nicht Brecht noch Hesse heißt er,

ein Mensch von simpelstem Gemüt,
man wird ihn fern von hier kaum kennen,
für das Gedicht war es verfrüht,
es schon ein Meisterwerk zu nennen.

Nur wohnt auch schwachen Reimen inne,
sie muten an von edlem Range,
ganz losgelöst von Wert und Sinne,
glänzen auch Verse von der Stange.

Werden sie selbstbewusst geflochten
und ansprechend noch vorgetragen,
so dass die meisten sie schon mochten,
stellt man zum Inhalt keine Fragen.

Der Brief der Enten

In krakeliger Entenschrift
ließ sich dechiffrieren:

"Werter Mensch, wir protestieren
mit diesem Brief hier von uns allen!
Wir lassen uns die ganzen schieren
Frechheiten nicht mehr gefallen.

Ein Rüpel, finden wir, ist jener,
der die Frechheit da besäße
und schmeißt mit hartem Brotlaib, den er
selbst ganz sicher nicht mehr äße.

Als wär' das Übel nicht genug,
welches der Mensch bis hier besessen,
als schlimmster weiterer Betrug
werden wir auch noch gegessen!

Deine Gefahr folgt auf dem Fuß
für uns, die wir jede Übernachtung
nie pennten.
Nun nimm zum Abschluss einen Gruß,
doch auch zur Kenntnis die Verachtung,

die Enten"

Aufgeräumt

Nennt es auch mancher mal Geblödel,
was ich da schrieb in all den Jahren,
ich entschied, den geistigen Trödel
stets als Gedicht aufzubewahren.

Dichterische Freiheit

Die dichterische Freiheit misst
bekanntlich die Distanz
zwischen dem, wie es wirklich ist,
und schließlich der Bilanz,

nachdem ich meine Feder zückte
und hier und da etwas verrückte.
Am Ende oftmals nah der Wahrheit stand's.
Doch nie so ganz.

Ein geborener Künstler

Der Holzwurm sprach zu seinem Vater:
„Ich folge bald schon meinen Traum,
und lebe fortan am Theater!"
Doch dies gefiel dem Vater kaum.

„Liebes Kind, sei doch vernünftig,
ein Scheitern ist hier unausweichlich,
lebst am Theater du nun künftig,
ist dies zum Leben niemals reichlich."

Gegen seines Vaters Rat
entschied das Holzwurmkind, das kühne,
sich dann schließlich in der Tat
für ein Leben in der Bühne.

Was ist Kunst?

Sei noch so groß des Lesers Gunst,
der liest, was ich hier brüte,
es ist nicht jeder Schrieb gleich Kunst,
so sehr ich mich auch mühte.

Erfüll' ich auch die Standards nicht,
so glaub' ich sie zu kennen.
Drum halte ich's für meine Pflicht,
mich Künstler schon zu nennen.

Landgedichte

Gedichtliebhaber auf dem Lande,
innerstädtisch und auch am Rande,
für mich ist es doch selbstverständlich,
ob nun urban oder auch ländlich,

seh' ich mich jederzeit verpflichtet,
zu jedes Lesers Wohlgefallen,
im Sinne einzelner und allen:
es wird für jedermann gedichtet.

Ist's für die Stadt von wenig Länge,
von zwei oder vier Zeilen sprech' ich,
fehlt auf dem Land schon das Gedränge,
wird auch Gereimtes eher flächig.

Viele Geschichten schreibt das Leben,
versäumt dabei nur oft, zu reimen.
Dem will nun ich die Ehre geben,
für die auch in ruralen Heimen.

Von A bis Z erfunden

Anfangs beäugte Clothilde drei Esten,
flugs gedieh Hochinteresse in jene:
kaum lief man nordwärts, Orangen-Chai pressten
quatschend Ritter schräger Trendgetränkszene
und vorn wälzte Xenia Yuzubrei-Zesten.

Es war wohl kein echtes Getränk, das entstand,
zu weit hergeholt war's zu meinem Vergnügen.
Vielmehr nur ein Sachverhalt, den ich erfand,
der alphabetischen Struktur zu genügen.

Sinnarm aber alphabetisch

Als Bernds Cousin davon erfuhr -
flugs ging Hermann in Jungwerd-Kur -
lärmend mäanderten Nachteulen,
ortsfremder Pförtner quirlig rennt,
schließlich tosend Unrecht verkennt,
will Xavers Yamaha zerbeulen.

Den Vorfall zog ich fest am Schopfe,
von dort, wo er einst nie geschah,
da ich gern mit dem Griffel klopfe
und reime Richtung Z von A.

Von hinten aufgerollt

Zertrampelten Yaks x-fach Wiesen,
verlangten ungehalten Treiber
schallend:"Rinder-Quoten priesen
originär nur miese Leiber;
kriegten jene immer harten
Gegenwind, fast erzielt's diesen
charakterlich bessere Arten!"

Ich bilde mir nicht ein,
dass obiges Konstrukt begeistert.
Und dennoch lass' ich es so sein,
der Auftrag ist formal gemeistert.

KAPITEL 2: GEGEN DAS REIMWEH

Nirgendwann

Ich kümm're mich! Vielleicht nicht heute,
doch nehme ich's mir ernstlich vor.
Ich weiß, dass ich es sonst bereute,
wie einst, als nämliches ich schwor.

Ich bin entschlossen, gar schon fest,
es diesmal zu bezwingen,
wo sich dies leicht nur sagen lässt,
wird es mir nun gelingen.

Ich plane es, schreib's auf die Liste,
bin's jedenfalls zu tun bereit!
Wobei ich's großzügig befriste,
wichtig ist's schon, hat aber Zeit!

Zwar tu ich es am Ende nicht,
obwohl ich zweifellos es sollte.
Sonne mich nur im fahlen Licht
des Wissens, dass ich es fast wollte!

Selbstbewusst

Bereits schon vor einiger Zeit,
ich möcht' es eine Weile nennen,
doch auf dem Lebensweg schon weit,
da lernte ich mich schließlich kennen.

Seit ich mich kenne, steht nun fest,
werd' ich mir redlich Mühe geben,
mit mir für meines Lebens Rest
in trauter Einigkeit zu leben.

Verhinderte Botschaft

Die Flaschenpost war nicht frankiert,
als sie im Meer verschwand,
kam von des Meeres Schicht flankiert,
retour bald an den Strand.

Nachdem die Post hinfort so rollte,
war's vom Ei nicht das Gelbe.
Denn während sie nach Porto sollte,
fehlte ihr dasselbe.

Auf die Augen

Das Faszinierende an Augen:
ist ihre Anzahl auch geringer,
dass sie zu Vortrefflichem taugen,
mehr noch als - beispielsweise - Finger.

Sie lesen müh'los in Pamphleten,
entdecken Thesen, auch die steilen,
sehen dem Tosen der Poeten
bisweilen gar zwischen die Zeilen.

Sicherheit geht vor

Wer Hexen im Advent zum Tee
einst mit verschneitem Ohr trifft:
sie flogen sicher durch den Schnee,
denn Schneebesen sind Vorschrift!

Unter dem Mistelzweig?

Als sie rasant mir näher rannte,
den Weg zu meinen Rippen kürzte,
die Dame die ich doch kaum kannte,
nun aber schon die Lippen schürzte.

Wie krieg' ich nur den Kuss vermiest,
der heute nicht mein Fall sei? -
"Ist's wirklich Mistel, die du siehst,
oder viel eher Salbei?"

Gedichtet wie gesehen

Oft entstand flugs die erste Zeile,
wo Dichtende etwas erspähten.
Ein Reim, dann zwei nach kurzer Weile,
die eilig sie zusammen nähten.

Es wundert nicht, dass manches Mal,
die Verse, die spontan wir schafften,
nicht das sind, was man sonst empfahl,
weshalb wir nie für Inhalt haften!

Und wieder hoch

Aktivitäten waren knapp,
so stand Klettern auf dem Programm,
und rutschte er doch einmal ab:
der Affe fiel nicht weit vom Stamm.

Wie die Lemminge

Sie schritten unbeirrt voran,
ganz ohne ein Konzept zu haben,
im festen Glauben wohl daran,
am Ende würde einer graben.

Beschritt mal einer and're Wege
und kam ihnen sodann entgegen,
wurde ihm unterstellt, er hege
die Absicht den Versuch zu pflegen,

den Weg zu ihrer aller Zielen,
an and'rer Stelle zu erlauben.
Hieran würden sie sämtlich glauben,
bis sie alle gemeinsam fielen.

Brennnesseln

Gewiss, wer kennt es nicht, das Kraut,
das lieblos an der Fessel brannte,
hat man sich einst ins Feld getraut,
so dass man „Brenn-" die Nessel nannte.

Wo Müdigkeit, wie in Klischees,
mich über mal im Sessel mannte,
man gern zwecks Kochens eines Tees
mit gleichem Kraut zum Kessel rannte.

Durchhalten

Die Ausdauer beschreibt den Brauch,
wo anderenfalls nur and're gewönnen,
weiter zu laufen, wo man auch
sich vorstellen mag, dies nicht mehr zu können.

Überhasteter Anstich

Er stapfte hektisch wohl zum Fasse,
um keinen Tropfen zu versäumen.
Und dann schon sprudelte das Nasse,
man sah kaum Alt vor lauter Schäumen.

Morgenstund

Zur morgendlichen Stunde
sucht sie in deren Mund das Golde.
Nach kurzer vergeblicher Runde
legt sie sich wieder hin, die holde.

Doppelt gestraft

Schon als sie früh zum Zoo gekommen,
dauert der Einlass quälend lange.
Kaum die Herbariumwand erklommen,
stand sie schon wieder in der Schlange.

KAPITEL 3: ZUSAMMENGEREIMTES

Der Bumerang

War wohl des krummen Stockes Finder
bei seinem ersten Wurf gewiss,
dass jener dann, vielleicht geschwinder,
gleich retournierte, wenn er schmiss?

Oder rief er „Hinfort, du Holz,
wo ich mit meinem Mädel schritt!"
Und kränkte es wohl seinen Stolz,
als es an seinen Schädel glitt?

Wie dem auch sei, vom Flug im Kreis
erfährt man heute schon didaktisch.
Doch ob oder ob nicht man's weiß,
ist das im Alltag kaum nur praktisch.

Gleichberechtigung

Bei Termiten ist's wohl Brauch,
zugleich erstaunlich und auch nett,
die Mutter bringt, der Vater auch,
die Kinder abwechselnd ins Brett.

Reisen als Landwirt

Größer der Kuchen, den man backt,
Eintopf und Brot nicht minder.
Das Auto wird auch voll bepackt,
hat man erst einmal Rinder.

Und der Garten?

Nie hörte er ihr richtig zu,
was immer sie auch täte.
Und sie ließ ihn auch nicht in Ruh',
als er den Hasen mähte.

„Muh"?

Die Nachbarskuh aß immer Gras,
während sie jahrelang betagte,
hörte nie auf, weil die Kuh das
als ihr Plaisir nie hinterfragte.

Das ist's zumindest, was ich glaube,
so hörte ich keine Beschwerden.
Wenn ich mir hier zu viel erlaube,
so tut's mir leid. Es wird schon werden!

Überrepräsentiert

Aus einem mir verborg'nen Grund
verzehrt wohl mancher gerne Trüffel.
Ich selbst aber verzieh' den Mund,
wenn ich sie in der Nähe schnüffel'.

Dann sind die Bollen auch noch teuer,
schon ab verschwindendem Gewichte,
und dennoch reibt man sie auch heuer
auf funktionierende Gerichte.

Wer wär' ich, dass ich richte,
's wird einen Schaden dies kaum mindern,
doch dass ich darüber dichte,
wird freilich auch niemand verhindern.

Fehleinschätzung

„Keine zehn belieb'gen Pferde
brächten dorthin meine Gräten!"
Mal ehrlich doch: in solcher Herde
sind sie so stark, dass sie es täten.

Knapp verschont

Er wich vor dem Geweih zurück,
ahnte von welchem schon den Stüber.
Doch schließlich hatte er noch Glück,
es ging der Elch an ihm vorüber.

Ein komischer Kauz

Ich hörte einst von einem Kauze,
der saß mit flauschig braunen Federn
und seiner untätigen Plauze
im Wald hoch oben in den Zedern.

Als Kauz wurde von ihm erhofft,
sein Futter in der Nacht zu jagen,
doch schlief er nachts nur allzu oft,
so war es nötig, an den Tagen

für ausreichend Nahrung zu sorgen.
Hier war er darauf angewiesen,
dass möglichst schon am frühen Morgen
Mäuse von nah geleg'nen Wiesen
Käuzen wie diesem, die gern schliefen,
freiwillig entgegenliefen.

Hoppe Reiter

Wie aus Kübeln goss es,
doch es hoppelte der Reiter
auf dem Rücken seines Rosses
auch bei starkem Regen weiter.

Als sie entlang dem Graben ritten,
hielten sie sich tapfer noch,
blickten beiläufig in das Loch,
in dem hungrige Raben stritten.

Auch kurz danach am nächsten Sumpf,
als nichts am Himmel mehr geleuchtet,
hielt er sich auf des Rappen Rumpf,
war jetzt schon mehr als angefeuchtet.

Bald dann in einer großen Pfütze
fehlte dem armen Pferd die Stütze,
man hörte erst Gewieher,
der Reiter fiel, dann schrie er.

Im Glashaus

Es heißt, im Haus aus Glas
vermeide man den Wurf von Steinen.
Und zu befolgen, lohnt sich das,
möchte der Zuhörer doch meinen.

Ich finde darüber hinaus,
dass ein Steinwurf ganz ohne Nöte,
sich auch in nicht gläsernem Haus,
wirklich sehr selten nur anböte.

Nadel im Heuhaufen

Metall'ner Stift
im Heu, dem bunten?
Wo man ihn trifft?
Doch wohl ganz unten!

Nicht bei Drei auf dem Baum?

Zählt jemand in meiner Nähe,
etwa bis drei, ich glaub man sähe,
ob auf dem Lande, wie bei Städtern,
trotz Baumes keinen Grund zu klettern.

Trotzdem möchte ich doch hoffen,
versäum' ich's, hoch den Stamm zu hüpfen,
dass - stand die Möglichkeit auch offen -
sich hieran keine Folgen knüpfen!

Ein Apfel am Tag

Nicht nur der Apfel, jede Frucht
hält fern des Arzt's Bedarf.
Man schlug ihn sogar die Flucht,
wenn man sie nach ihm warf.

Ist es nun dieser Fruchtgebrauch,
den hier das Sprichwort birgt?
Erwäget ihn zumindest auch,
wie man's auch dreht: er wirkt.

Um den heißen Brei

Wir reden miteinander gerne
herum rund um den heißen Brei,
aus sicher wohlverstand'ner Ferne.
Der Varianten wären zwei:

Statt nur daneben lieber innen,
wo wir uns selbst im Breie fänden?
Es wär' doch nachgerad' von Sinnen,
wenn wir in weicher Kleie ständen!

Stünden wir unweit des Breis
und ließen ihn zuvor erkalten,
worin bestünde dann der Preis,
sich solcher Art zu unterhalten?

Ist es nun die Temperatur?
Oder geht's um die Nähe?
Einen Sinn hat das Sprichwort, nur
keinen, den ich auch sähe.

Lage, Lage, Lage

Wer fasst' den Mut und hat's getan,
und gab für's Haus den Rest vom Gelde,
der hofft, dass der hofeig'ne Hahn,
nebenan nicht zu früh sich melde.

Lage, Lage, Lage (II)

Am Samstag vor des Metzgers Tresen
war es wie allwöchentlich voll.
Und oft bin ich dabei gewesen,
als jener Tross gen Fleische quoll.

Und war ich vorne angekommen -
zum Glück gelang mir dies mitunter -
hab' ich die Lage Wurst genommen.
Und die darauf sowie darunter.

Aus gutem Grund

Wo immer man sich auch bewegt,
sei es nun hinten oder vorne,
einem wird nahe stets gelegt:
werfet die Flinte nicht ins Korne.

Stellt euch nur vor, im hohen Tann
steht's Wild mit frischen Hörnern gut.
Ungünstig wäre es doch dann,
wenn's Gewehr zwischen Körnern ruht.

KAPITEL 4: VERSSAMMLUNG

Unpraktische Einladung

Theo schrieb in ein paar Zeilen,
"Man möge sich recht gern beeilen.
Aufgrund des letzten Rehes Schaden
sei man zum Essen eingeladen."

Bevor er seine Ehe schließe,
sei in den Bergen er am See,
wo er nun reichlich Rehe schieße.
Er lade nun zum Mittagessen

hinauf in seiner Schwestern Schloss;
Hunger sei nicht zu vergessen,
denn dort serviere er das Reh,
das er gerade gestern schoss.

Der Plan genügte nicht dem Zeitgeist,
dem Tierschutz nicht, noch energetisch,
da mittags niemand gern so weit reist,
saß keiner dann am Theo-Rehtisch.

Zeeland im Frühling

In niederländischer Provinz,
wenn man nicht aus Reflex schon wendet,
wird man oft Zeuge des Beginns
der See, wo dort die Straße endet;

ein kleiner Pfad, treppauf zum Deich,
schon nach vier Stufen leicht beschwerlich,
fast ist's geschafft, ein Schritt und gleich
der erste Blick und - ist man ehrlich -

gelingt es einem kaum, zu fassen,
wie weit die See und hier so nah.
und doch empfiehlt es sich, zu lassen,
fühlen zu wollen, was man sah.

Denn einem Irrtum unterliegt,
wer denkt, ein jedes Meer sei warm.
Wer dennoch auf zum Wasser biegt,
dem friert vom Eintauchen der Arm.

Rapunzel

Recht beliebt war sie bei den Herren,
leider im Turme eingeschlossen,
und es gab, um sie einzusperren
nicht Tau, nicht Treppe oder Sprossen.

Nun war das holde Weib zum Glück
mit reichlich blondem Haar gesegnet,
das, wenn sie sich vom Turme bück-
te metertief herabgeregnet.

Der Mensch, der kräftig daran zog
in ritterlichem Kleid und Rüstung,
konnt' froh sein, wenn sie von der Brüstung
ihm nicht mit Schwung entgegenflog.

Auf der Erbse

Die Prinzessin, eine sonst wohl nette,
war Gegenstand eines Versuches,
wo man sie auf Gemüse bette,
dazwischen reichlich Schichten Tuches.

Und diese sprach: "In meinem Kreuz
spür' ich an Erbsen gar ein Trio.
Wo mich schon dies sicher nicht freut,
sind diese Erbsen nicht mal bio!"

Die Erbse auf der Prinzessin

Fand sich die Erbse auf der guten?
Innerhalb von Sekunden wag-
te sie schon mehr als zu vermuten,
dass und wo diese auf ihr lag.

Kunstloses Brot

Wenn ich mich auch mit Appetit
nach deinem Laib oft sehn', ich
find' du tust, wenn man dich sieht,
für's Auge eher wenig.

Für immer in deinen Armen?

Nach Übergabe einer Rose,
als sie die Arme um ihn schlang,
dacht' er „ja, ich genieß' die Pose,
doch ewig wäre ganz schön lang!"

Das Zebra

Das Zebra trug stets auf Geheiß
zum Zwecke seines Kleides,
Streifen von Schwarz und auch von Weiß,
und fragt: „Wieso denn beides?

Wäre nicht eines von den zwei'n
wesentlich eleganter?
So ganz in Weiß von Kopf bis Bein,
oder schwarz wie ein Panther?

Wie wäre denn pastelles Blau,
oder ein freches Flieder?
Lieber vielleicht ein helles Grau,
changierend hin und wieder?"

„Die Zebrastreifen sind's,
die euch den Namen einst gegeben.
Wenn ich auf diese lins',
müsst ihr wohl mit den Streifen leben!"

Auf dem Laufband

Wo roher Walter sinnlos kräftigt,
bleib ich im Raume an den Rändern
und bin wie Walter dann beschäftigt,
als ich auf einem von den Bändern

dort neben Walters stetem Schnaufen,
versuche, rasch, nur auf der Stelle
konstant und konzentriert zu laufen,
um nicht im Studio vor allen,
in dem ich strauchle ob der Schnelle
rückwärts in Richtung Grund zu fallen.

Dass dies passiert, möcht' ich vermeiden,
auch ist der Spaß des Laufs gering.
Werd' mich dagegen stets entscheiden
und laufe draußen, wo es ging!

Stille Post

Weil ich des Briefs Versand ihm schwor,
eil' ich zum Postamt in der Pause.
Doch steh' ich vor verschloss'nem Tor,
und nehm' ihn wieder mit nach Hause.

Fast alle meine Entchen

Als es in meinem Garten quakte,
sah ich zu, was mich beseelte.
Als den genau'ren Blick ich wagte,
merkte ich, dass eines fehlte.

Kaum zu glauben

Die Szenerie wird österlich,
es nähert sich die Feier.
Der Hase schaut, dann löst er sich
vom Bau und versteckt Eier.

So lautet jedenfalls die Sage
und die will ich nicht verderben.
Doch wie gelang es unter Tage,
all diese Eier zu erwerben?

Auf dem Fischmarkt

Im Morgengrauen war die Zeit,
noch vor der Wäschereiarbeit,
mit Kolleginnen zum Markt zu laufen
und für die Pause einzukaufen.

„Guten Morgen, meine Damen,
da Sie sich die Zeit schon nahmen,
an meinem Stand heut zu erscheinen,
würde ich tatsächlich meinen
verdienen Sie aus diesen Kästen
von allen Fischen nur die besten!"

„Gegrüßt sei'n Sie, geschätzter Händler,
das, was auf meinem Zettel ständ', wär'
für die Gewebebohnertruppe
eine Seebewohnersuppe!"

„Ich möchte Ihnen nicht verhehlen,
es gibt Forellen und Makrelen,
Seelachs, Rotbarsch - dort der rechte -
und sicher keine schlechten Hechte.

Doch darf ich heute Sie begeistern
hier auf den Tischen ohne Mangel
gefangen von den großen Meistern
draußen beim Fischen mit der Angel:

Seezunge, Karpfen, Kisten Zanders,
oder mögen Sie es anders,
Hummer, Garnelen und Langusten,
kurz: allerlei Getier mit Krusten?
Ganz kurz mit Safran angebraten,
wird das ganz exzellent geraten."

„Danach bin ich nicht begierig,
das klingt recht teuer und auch schwierig,
auch wenn ich ihrer Fabel trau
nehm' ich Seelachs und Kabeljau!"

KAPITEL 5: LAUTMALEREI (M)

Bis dann

Es begann der Linke von drei flinken Finken,
zum dringenden Trinken zu sinken.
Die anderen fingen,
statt weiter zu singen,
an, dem sinkenden Finken zu winken.

Ambitionen

Es saß die unbedarfte Schleiche
hoch oben auf der alten Eiche.
Sie fragte sich, ob es wohl reiche
zum Sprung über den nahen Teiche.

Die Schlange überlegte lang
bis sie sich um den Ast dort schlang,
dem wurde von der Last fast bang.
Noch während er um Fassung rang,

nahm die Schlange schließlich Schwung
und holte aus zum weiten Sprung.
Zwar scheiterte die Schleiche,
doch lobte man wohl ihren Mut.
Trotz jenem geht nicht alles gut,
's ist leider oft das Gleiche.

Am Sushiband

Der Reis, den er begeistert fleißig verspeiste,
welcher meisterlich leise in Kreisen reiste,
war's, der ihm auf's Gewicht schlug
und auf den Gesichtszug,
der ihm dann bei den dreisten Preisen entgleiste.

Ein Ausrutscher

Sir Pitt, ein gesitteter Ritter,
schlitterte witt'rungsbedingt in ein Gitter,
teilt es Britta mit,
wobei er Mitschuld bestritt,
doch war schon am dritten Tag fitter.

Rodeo

Die auf galoppierendem Vieh versierten,
die sich auf pubertierenden Stieren platzierten,
klebten schier an den Tieren,
um nicht zu verlieren,
weil sie Siegern hier Biere und Brie servierten.

Krach im Morgengrauen

Bernd erntete im fernen Kärnten,
während sich Sterne in Schwärmen entfernten,
doch der Lärm blieb hier fern.
Nicht bei Werner in Bern,
wo zwei Herrn das Entkernen erlernten.

Eine Zier

Es muss Adelheid zu ihrem Leiden
zwischen zwei seidenen Kleidern entscheiden.
Und in dem Betreiben,
bescheiden zu bleiben,
befreit sie den Verleih gleich von beiden.

Effiziente Landwirtschaft

Der Traubenbauer wurde sauer:
ein Traubenstrauch kraucht über die Mauer.
Jetzt ist der Bauer aber schlauer
und pflanzt den Strauch 'nen Hauch genauer.

„Was soll das?"

ʼs war der Wal beim Ritual eines Mahles,
da kam ein Aal wie ein Strahl und der stahl es.
Der Weg durch den Kanal
war dem Wal wohl zu schmal,
so blieb in des Wals Arsenal nur Verbales.

Hotelbewertung

Sie nähern sich in Paraden wie Plagen,
um da in erhabenen Lagen zu Tagen,
im adligen Bad auf sonst faden Etagen,
starr'n auf überladene Wagen von Pagen
mit deren blamabel tragischen Gagen,
um nachher noch klagend voll Rage zu sagen:
der Laden kann grad die Tirade vertragen!

Auf eiligen Pfoten

Wie der Metzger beim Schwätzchen mir petzte,
als ich zu Tee und Plätzchen mich setzte,
hat sein Kätzchen zuletzt
sich beim Wetzen verschätzt,
wobei es sich das Tätzchen verletzte.

Mauerfall

Die Wanze kauert auf der Mauer.
Sie lauert und ich schau genauer,
wie sie erst Wanzensachen macht
und dann den Wanzentanz entfacht.

So vertieft, die kleine Wanze,
in das Wanzenwandgetanze,
so endet schnell im Sturz das Ganze
in der nah geleg'nen Pflanze.

Unverantwortlich

Frank gelang mit dem Trank in der Hand,
den er zuvor beim Tanken erstand,
über die lange Leitplanke ein Stunt,
wonach er sich auf einer Sandbank befand.
Er gelangte langsam wankend vom Strand
und landete zum Dank im Krankenstand.

KAPITEL 6: LIMERICKS ANYONE?

A fun trip

Travelling through the United States,
where he was told that adventure awaits,
which he did in late summer
turned out more of a bummer.
His trip was not one of the greats:

On his very first daytrip to Maine,
he found himself trapped in the rain.
Too much for his liking,
as he'd come there for hiking
and never set foot there again.

Then he went to the town of Chicago,
which is surrounded by many a "lago".
But he avoided the lakes,
as he was fearful of snakes,
he would hardly let his girlfriend's ma go.

Off to Nevada he went,
and stayed the night there in a tent,
in a spot that looked awful,
with camping unlawful,
still more than he wanted to spend.

Getting to know ladies in Austin
he found to be very exhaustin',
he saw his chance vanish,
they only spoke Spanish,
a language he'd always been lost in.

Whoever ran from a cop up in Queens,
will know what adrenaline means.
He was there with a friend,
they had to run in the end,
which they hadn't since their days as teens.

Phoenix in the fall is a must,
he was told when the route was discussed.
Yet, summer was still beating
with sandstorms repeating
and the whole town was covered in dust.

Back in Ireland in Kilkenny,
disappointed, down to the last penny,
he said: the States may be fun,
but I don't know which one,
all those states there are simply too many.